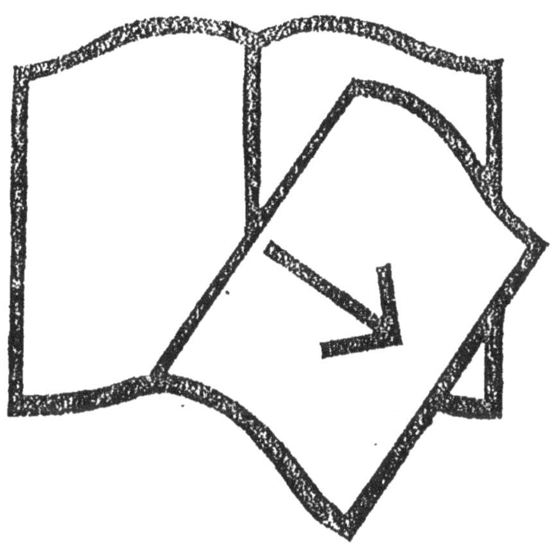

Couverture inférieure manquante

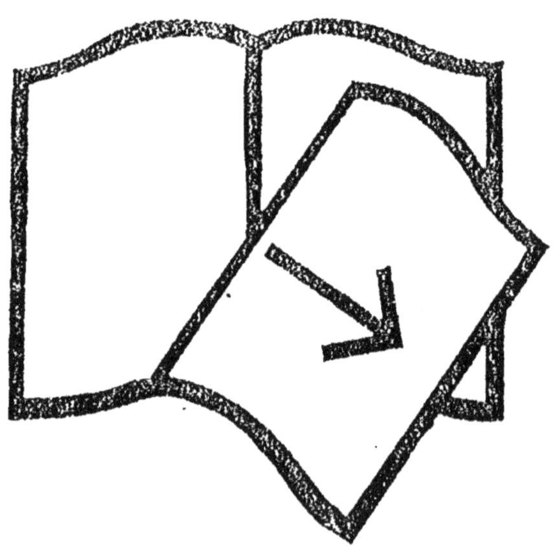

Couverture inférieure manquante

PAUL FABRE

LA VATICANE DE SIXTE IV

Extrait des Mélanges d'archéologie et d'histoire
publiés par l'École française de Rome, T. XV.

ROME
IMPRIMERIE DE LA PAIX, PHILIPPE CUGGIANI
Place della Pace, Num. 35.
1896

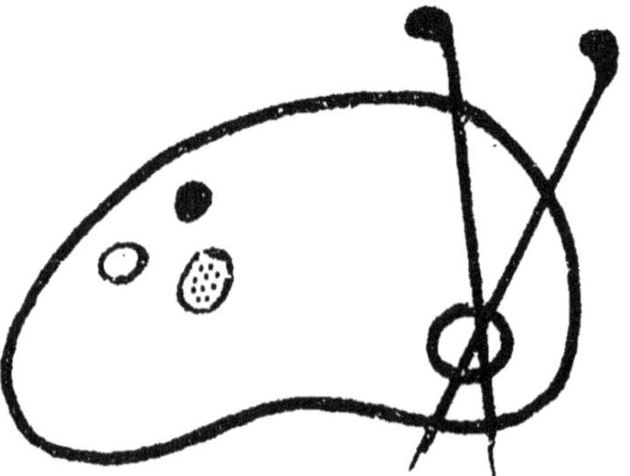

Fin d'une série de documents
en couleur

PAUL FABRE

LA VATICANE DE SIXTE IV

Extrait des Mélanges d'archéologie et d'histoire
publiés par l'Ecole française de Rome, T. XV.

ROME
IMPRIMERIE DE LA PAIX, PHILIPPE CUGGIANI
Place della Pace, Num. 35.
1896

LA VATICANE DE SIXTE IV

Le pape Sixte IV peut être considéré comme le second
fondateur de la Bibliothèque Vaticane.

Nicolas V, avant lui, avait déjà réuni une admirable collection de manuscrits, tant grecs que latins (1), mais sans avoir
le temps de loger ses livres comme il l'eût souhaité (2): la
salle qui renfermait les huit armoires où étaient rangés ses
manuscrits latins ne recevait le jour que par une seule fenêtre (3). C'est à Sixte IV qu'il était réservé d'installer la Bibliothèque pontificale dans des locaux plus en rapport avec
son importance et son objet : ceux qu'il lui destina suffirent à
ses accroissements pendant plus d'un siècle.

I.

Dès l'année 1471, il était question d'élever dans le palais
apostolique du Vatican un bâtiment spécial pour y installer
la Bibliothèque. Par ordonnance en date du 17 décembre, le
camérier pontifical prenait des mesures pour se procurer les

---

(1) Voy. Müntz et Fabre, *La Bibliothèque du Vatican au XVe siècle*,
p. 31-114 et 315-314.

(2) Dans l'énumération des projets de Nicolas V, Manetti parle
de la Bibliothèque que le Pape voulait « *ingens et ampla transversalibus utrimque fenestris* ». Muratori, *S. R. I.*, t. III, part. 2, col. 933 D.

(3) Voy. l'inventaire de la Bibliothèque latine de Nicolas V. Les
armoires qui la contiennent sont distinguées d'après leur place par
rapport à la fenêtre: six à droite et deux à gauche.

DEBUT DE PAGINATION

pierres nécessaires à la construction projetée (1). Cette idée fut ensuite abandonnée, et on décida d'aménager pour la Bibliothèque le rez-de-chaussée d'un corps de bâtiment élevé par Nicolas V (2), et dont les étages supérieurs allaient avoir la singulière fortune d'être décorés l'un (le premier) par Pinturicchio (*Appartamento Borgia*), l'autre (le second) par Raphaël (*le Stanze*).

Ce corps de logis était construit en bordure du petit promontoire sur lequel s'élevait l'habitation pontificale (3). Les premières assises en étaient peut-être anciennes, peut-être avaient-elles été jetées par Jean XXIII, sur l'emplacement même de l'ancien rempart de la cité Léonine, abattu pour agrandir le palais (4). Le mur d'enceinte de la ville avait été en effet reporté plus au nord par Jean XXIII, et dans l'intervalle (là où est aujourd'hui la cour du Belvédere) s'étendait le jardin pontifical (5). Toutefois, Nicolas V avait voulu que le palais,

(1) Cum pro opportunitatibus certi edificii bibliothecarum in palatio apostolico Sancti Petri construendarum ..ecessarium sit ex diversis locis habere magnam quantitatem petrarum ad id necessariarum, etc. Müntz, *Les arts à la cour des Papes*, t. III, p. 120.

(2) Que ce bâtiment ait été élevé par Nicolas V, cela ne fait pas question; ses armes qui se trouvent au premier étage sur le linteau d'une porte, et au second étage à la clef de voûte des *Stanze*.

(3) Ce promontoire est un contrefort de la colline Vaticane, comme celui qui porte le Belvédere. On le suit dans le sens de sa longueur, quand on va de la Zecca à la cour Saint Damaso. C'est l'éminence qui enserrait au nord l'ancien cirque de Néron et en déterminait l'orientation d'est en ouest.

(4) Decima quinta junii fuit incoeptum fundamentum inter palatium apostolicum et portam Viridariam, et ut construi posset dirutae fuerunt aliquae turres urbis Leonianae, quae numero erant 44. (*Diario di Antonio di Pietro*, dans *Atti della pontificia Accademia Romana di archeologia*, t. IV, p. 227).

(5) C'est ce qui résulte des vues de Rome dans le troisième quart du XVᵉ siècle publiées par M. de Rossi (*Piante icnografiche e prospettiche anteriori al secolo XVI*, pl. II, III et IV). Et la chose est conforme au témoignage de Manetti.

outre la protection des murailles urbaines, fût défendu par
ses propres murailles et formât comme une citadelle (1).

Aussi le corps de logis élevé par lui sur la plateforme de
la colline, et dans lequel Sixte IV installa la Bibliothèque,
a-t-il, quand on le considère de la cour du Belvedere, un air
de forteresse. De ce côté là, il domine l'ancien vallon qui est

(1) Palatium non solum urbanis mœnibus, sed etiam a propriis
muris ita hinc inde cingebatur, ut duplicatis etiam (longioribus sci-
licet et propioribus) mœnibus circumdaretur (Manetti, dans Muratori,
S. R. I., t. III, part. 2, col. 934 A.

Le plan de Nicolas V est fort bien expliqué par son biographe.
Le principal réduit de la citadelle Vaticane était constitué au nord-
est, par la grosse Tour ronde ou *Torrione* qui termine encore de nos
jours le palais du Vatican vers la Porta Angelica (au-dessous du bâtiment habité aujourd'hui par le pape), et qui est désignée sous le
nom de *Nova Turris* dans les vues de Rome au temps de Sixte IV.

Cette tour protégait les abords de la *Porta Viridaria*, recons-
truite plus tard par Alexandre VI et qui aujourd'hui ne sert plus que
d'entrée au casernement des Suisses.

De ce *Torrione*, une épaisse muraille de pierre (qui existe encore,
et sur laquelle sont établis, entre autres choses, les appartements du
maestro di camera et du majordomo) allait, vers le sud-ouest, rejoindre,
sur l'emplacement actuel du *portone di bronzo,* le mur (*murus divisor*)
qui séparait le palais pontifical de la Basilique de St-Pierre, et dont
l'emplacement et la direction se reconnaissent à merveille dans le
rempart de briques qui se dresse au nord des cours intérieures que
laisse la basilique moderne entre elle et le palais du Vatican. C'est à
la rencontre de ces deux murs que devait se trouver l'entrée du Palais, défendue par deux tours entre lesquelles s'ouvrait la porte.

De l'autre côté du *Torrione* partait une muraille qui contournait
le palais apostolique vers le nord, laissant entre elle et lui un assez
vaste jardin: une partie en est encore visible, depuis le *Torrione* jusqu'à la naissance de la construction par laquelle, sous Jules II, Bra-
mante rejoignit le Palais au Belvedere, et qui porte au premier étage
le *Studio di musaici,* au second la galerie lapidaire.

Cette muraille courant vers l'ouest, remontait la vallée devenue
depuis la cour du Belvedere, et, passant sur l'emplacement actuel de la
grande fontaine qui occupe le centre de cette cour, gagnait la hauteur.
De là un autre mur, orienté du nord au sud, rejoignait le mur (*murus
divisor*) qui séparait le palais de la basilique. Ainsi se formait le
quadrilatère.

devenu le *cortile basso di Belvedere* non seulement de la hauteur de ses trois étages, mais encore de ses imposantes substructions (1). Du côté sud au contraire, le rez-de-chaussée s'ouvre, presque de plain-pied, sur la cour qui est connue sous le nom de *cortile di Pappagallo*, et qui, moins encaissée alors qu'elle ne l'est aujourd'hui, était en ce temps là ce qu'est de nos jours le *cortile S. Damaso*: la cour d'honneur. C'est là qu'on accédait, par un large escalier, de l'entrée principale du palais, située en contre-bas, à peu près là où est aujourd'hui le *Portone di Bronzo* (2). L'escalier débouchait sous le portique de Paul II qui borde encore le *cortile del Maresciallo* (3), et on entrait dans la cour par la belle porte de marbre, aux armes de Pie II, qui est encore en place et fait communiquer le *cortile del Maresciallo* avec celui du *Pappagallo* (4).

(1) La différence de niveau est en effet très considérable: elle dépasse dix mètres.

(2) C'est Paul II qui avait construit la façade et l'entrée du palais, à l'endroit même que Nicolas V avait choisi. La porte franchie, on se trouvait dans une grande cour à portiques, de forme allongée, qui s'étendait jusqu'au bâtiment qui porte aujourd'hui la *Sala Regia*, et qui était bornée d'un côté (vers le nord) par l'éminence qui supportait le reste du palais et de l'autre (vers le sud) par le mur qui séparait le palais de la basilique. Du fond de cette cour, un escalier montait aux cours supérieures du palais, en suivant, à peu de chose près, le tracé de l'escalier qui aboutit aujourd'hui au *Cortile del Maresciallo*, et qui prend naissance sur le premier palier de la *Scala Regia*, derrière la statue équestre de Constantin. Cette disposition de la cour inférieure est encore très visible sur le plan d'Alfarano (1591); elle est nettement marquée dans une gravure du milieu du XVIe siècle reproduite par Letarouilly (*Le Vatican*, t. I; Ancienne basilique de Saint-Pierre, pl. IX).

(3) Les armes de Paul II se voient encore sur les chapiteaux; la voûte a été refaite sous Paul III, et Paul V a surmonté le portique d'un étage, qui sert d'habitation au maréchal du conclave durant la vacance du siège: d'où le nom de la cour.

(4) Les armes du pape sont portées par deux anges, et on lit au-dessus l'inscription suivante:

PIVS · PP · II · M̊ CCCC L̊X

Le rez-de-chaussée du bâtiment élevé per Nicolas V est aujourd'hui occupé par la *Floreria apostolica* ou Garde-Meuble. On y entre, de la cour du Pappagallo, par une porte surmontée des armes de Sixte IV et ornée de l'inscription:

SIXTVS · PP · IIII

Il comprend quatre salles (1), mais à l'origine les trois premières seules furent destinées à la Bibliothèque. La première (contenant la Bibliothèque latine) et la seconde (renfermant la Bibliothèque grecque) formaient la *Bibliotheca communis* ou *publica*; la troisième s'appelait, par opposition, la Bibliothèque secrète: nous dirions aujourd'hui la Réserve (2). Dans les comptes du pontificat de Sixte IV, il n'est question, jusqu'à l'année 1480, que de ces trois salles. C'est en 1480 seulement qu'apparaît l'*additio, bibliotheca addita* ou *bibliotheca nova*, qui correspond à la quatrième des salles aujourd'hui occupées par la *Floreria* et qui porta tout d'abord le nom de *Bibliothèque pontificale* (3).

Cette porte a été ménagée dans l'épaisseur de l'énorme muraille, en forme de rempart, qui sert de base à la Salle Ducale, et qui semble avoir fait partie du plus ancien palais.

(1) Voici les mesures de ces différentes salles: la première a 19^m,79 de long, sur 10^m,46 de large; la seconde 8^m,44 sur 10^m,48; la troisième 6^m,05 sur 11^m,65; la quatrième 8^m,95 sur 12^m,28. Voyez notre plan (Planche IV).

(2) C'est dans la Bibliothèque secrète que se trouvaient les documents d'archives, Actes des conciles, Livres des cens, Recueil de chartes et diplômes.

(3) *Bibliotheca pontificia,* dans les inventaires. — Ainsi se complétait cette bibliothèque quadripartite qui inspirait à Brandolini le distique suivant (Epigramme XII):

> Biblioteca fuit fateor, sua cuique, sed una;
> Sixto pater vincis: quatuor unus habes.

Dans les comptes de Sixte IV relatifs à la Bibliothèque et que M. Müntz a publiés (*Les arts à la cour des papes,* t. III, p. 120-135),

Nous avons, sur les travaux d'aménagement et de décoration exécutés sous Sixte IV, des détails précis et intéressants. La première préoccupation semble avoir été d'introduire partout la lumière. La Tour Borgia qui flanque aujourd'hui vers l'ouest le corps de bâtiment de Nicolas V n'existait pas encore, et la muraille était alors percée de deux petites fenêtres qui ont été aveuglées par la construction d'Alexandre VI (1). Mais la bibliothèque grecque n'avait encore qu'une fenêtre, celle qui s'ouvrait sur le jardin (la cour actuelle du Belvedere) : on lui en donne une seconde sur la cour du Pappagallo (2) ; puis, on trouva commode, pour améliorer encore l'éclairage de la salle

on a grand soin, à propos de chaque dépense, de noter pour quelle salle elle est faite. On nous parle d'une part de la Bibliothèque *commune*, qui s'oppose à la Bibliothèque *secrète* (p. 128 et 129); d'autre part de la Bibliothèque *nouvelle*, qui s'oppose à la Bibliothèque *ancienne* (p. 132) c'est-à-dire à la *commune* et à la *secrète* réunies. Que la première salle fût la salle latine et la seconde la salle grecque, cela ressort clairement du témoignage de Francesco Albertini (*De mirabilibus novae Urbis Romae*, édit. Schmarsow, p. 31) et de celui des inventaires.

(1) Ces fenêtres sont mentionnées dans les comptes. Il est question (Müntz, p. 126), pour la Bibliothèque publique, de *quinque fenestris magnis, duabus minoribus*. Ces fenêtres sont désignées par f′ sur notre plan (Planche IV); l'amorce de l'une d'elles (celle de gauche) est encore apparente; quant à la seconde, les barreaux (*inferriata*) en étaient encore visibles du côté de la Tour Borgia (je le tiens d'un employé de la *Floreria*) avant qu'on eût construit, à l'intérieur de la Tour, le pilastre qui la cache et qui fut établi sous Pie IX pour soutenir la salle de l'Immaculée Conception créée au second étage.

La construction de la Tour Borgia assombrit beaucoup l'ancien palais. C'est pour rendre à la salle aujourd'hui connue sous le nom de *Sala Regia* un peu de la lumière qu'elle avait perdue que Jules II y fit ouvrir la grande fenêtre qu'on y voit encore: « Tu pontificum commoditati assiduo consulens eam aulam, cui Alexander ea Turri, quam sibi erexerat, tenebras induxerat, ingenti fenestra illustrasti». (Eloge de Jules II par Lorenzo Parmenio, ms. Vat. lat. 3702, fol. 6).

(2) Dedi ducatum unum muratoribus qui fenestram camerae bibliothecae fecere quae ad curiam vergit (Müntz, p. 122).

grecque, de percer dans le mur qui séparait la Bibliothèque grecque de la Bibliothèque latine, deux larges baies, qu'on a depuis transformées en portes (1). Trois artistes allemands, dont nous ne connaissons que les noms (Hermann, Conrad et Georges), furent successivement appelées à munir les fenêtres de vitraux historiés, qu'on se procurait à Venise en même temps que l'étain nécessaire à la pose (2).

La porte d'entrée, protégée par une grille (*cancellum*) (3), et revêtue elle-même de métal, était garnie de 95 clous de bronze doré (4); dorés aussi étaient l'anneau de la porte, le marteau et l'écusson (5). Le pavé, qui semble avoir été d'abord une mosaïque (6), fut bientôt remplacé (7) par des briques

(1) Item pro purganda bibliotheca veteri et asportandis calcinaciis duarum fenestrarum factarum inter graecam et latinam (Müntz, *ubi supra*, p. 132). Ces fenêtres sont marquées en f dans notre plan (Planche IV); plus tard, lorsqu'on les eût transformées en portes, on mura l'ancienne porte de communication entre la salle latine et la salle grecque.

(2) Müntz, p. 121-125, 131, 133. Sur les vitraux de la bibliothèque nouvelle étincelaient les armes pontificales: «pro armis faciendis in fenestra vitrea bibliothecae novae» (p. 132).

(3) Pro cancello portae majoris (p. 128).

(4) Pro clavis nonaginta quinque aeneis magnis eiusdem portae (p. 126). Pro reliquo inauraturae clavorum aeneorum portae majoris (p. 127).

(5) Dedi magistro Andreae aurario ducatos tres cum dimidio pro inauratura annuli portae magnae, pro clavo ad percutiendum, scuto et rosa (*Ibid.* p. 127).

(6) Dedi muratori qui pavimentum ex brevioribus lapillis restituit (*Ibid.* p. 122).

(7) Avant la fin du XV° siècle, c'est tout ce qu'on peut dire. Il n'est pas question de ce nouveau pavé dans les compte de Sixte IV, et il est possible qu'il soit postérieur à son pontificat. Ce qui est certain, c'est qu'il date du même temps que celui de l'appartement Borgia qu'on est en train de réparer ou plutôt de reconstituer: ce sont les mêmes briques qui ont été employées pour le rez-de-chaussée (Bibliothèque) et pour le premier étage (Appartement Borgia). Selon M. le Prof. Giovanni Tesorone, directeur du *Museo artistico-industriale* de Naples, ces briques seraient de fabrication ombrienne et proviendraient de Pérouse ou de Deruta.

émaillées, de formes, de dessins et de couleurs variés, qui se prêtent à des combinaisons multiples, dont les oppositions rappellent encore l'ancien style " cosmatique „ (1).

UN FRAGMENT DU PAVÉ DE LA SALLE GRECQUE.

(1) Ce pavé est encore à peu près intact dans la bibliothèque grecque et la bibliothèque secrète; dans la première salle, le frottement a presque partout usé l'émail. Les briques affectent la forme de losanges, d'hexagones et de carrés, qu'on peut disposer de bien des manières. Le dessin se détache, en bleu ou en vert, sur un fond auquel le temps a donné une belle couleur d'ivoire, et on obtient, en l'étendant par larges carrés, entre des bordures où apparaît tantôt le bleu, tantôt le vert clair ou le vert d'émeraude, un ton général d'une grande douceur.

On aura une idée très exacte du pavé de l'ancienne bibliothèque quand on visitera les appartements Borgia, actuellement en réparation, sous l'intelligente et scrupuleuse direction du commandeur Seitz. On vient d'y installer (dans la Chambre des Sciences) un pavé pour

Le soin de décorer les murs fut confié aux premiers artistes du temps. Dès le mois de novembre 1475, on trouve Domenico Ghirlandajo et son frère David occupés à orner la Bibliothèque publique (1). Selon toute apparence, c'est à eux qu'il faut attribuer ces portraits de docteurs et de philosophes, qui décorent, dans la première salle de la Floreria, les lunettes de la voûte (2). Un peu plus tard, Melozzo da Forlì peignait sur la paroi de cette même salle, entre les deux fenêtres qui s'ouvrent sur le Cortile del Belvedere, une fresque destinée à perpétuer le souvenir de la fondation de Sixte IV (3). Elle représentait le pape, instituant dans la Bibliothèque même

lequel les briques émaillées de la Floreria ont servi de modèle. L'imitation est très heureuse, au point qu'il est difficile de distinguer les anciennes briques des nouvelles. Ce travail fait grand honneur à M. le Prof. Tesorone, par les soins de qui il a été exécuté.

(1) Dedi ducatos X auri Dominico Thomasii pictori florentino pro pictura bibliothecae quam inchoavit die XXVIII novembris 1475. Dedi ducatos quinque David pictori fratri Dominici supradicti, XIIII decembris 1475. (Müntz, *Les arts à la cour des papes*, t. III, p. 123).

(2) La planche V, qui donne une vue de la salle latine dans son état actuel reproduit deux de ces portraits: ce sont ceux de saint Grégoire et de saint Jérôme. Les deux docteurs tiennent en main des phylactères, sur lesquels sont inscrites de ces sentences qui étaient si fort à la mode en ce temps là: *Dei sapientiam sardonyco et zaphyro non confer* (pour saint Grégoire); *Scientiam scripturarum ama et vitia carnis non amabis* (pour saint Jérôme). Francesco Albertini, dans son livre *De mirabilibus novae urbis Romae*, paru en 1510, parle de ces *Picturae doctorum* (éd. Schmarsow, p. 34) et annonce qu'il donnera dans son *Opusculum epitaphiorum* les *carmina* qui les accompagnent. Mais cet *Opusculum* n'a point paru, et ce sont seulement les inscriptions antiques recueillies par lui qui ont été publiées en 1522 dans le volume intitulé: *Epigrammata antiquae urbis Romae.*

Les autres figures sont celles de saint Ambroise, saint Augustin, saint Thomas, saint Bonaventure, Socrate, Platon, Aristote, Diogène, etc. Toutes sont accompagnées de devises. — Aux clefs de voûte, les armes pontificales alternent avec les armes personnelles de Sixte IV.

(3) On lit dans les comptes à la date du 15 janvier 1477: *Dedi magistro Melotio pictori pro auro emendo pro pictura quam pingit in bibliotheca* (le mot employé absolument désigne toujours la biblio-

(la scène se passe, à ce qu'il me semble, dans la bibliothèque grecque, avec la salle latine en perspective) le fameux Platina comme bibliothécaire. Cette fresque est demeurée en place jusqu'au XIX° siècle. C'est seulement lorsque Pie VII eut formé au Vatican (avec les tableaux restitués par la France en 1815) une *Pinacothèque*, qu'on eut l'idée de tirer de l'oubli l'œuvre du maître de Forlì (1): on la reporta sur toile, et on peut l'admirer aujourd'hui, en très bon jour, dans la Pinacothèque du Vatican.

Les fresques de la salle grecque eurent bientôt à souffrir, car nous trouvons, dès 1478, deux peintres (inconnus par ailleurs) qui sont chargés de les " restituer „ (2). Quant à la Bibliothèque secrète et à la Nouvelle bibliothèque (*bibliotheca pontificia*), c'est Melozzo da Forlì et son aide Antonazzo qui

thèque commune) *ducatos sex.* (Müntz, *Les arts à la cour des papes,* t. III, p. 127).

Albertini, mentionnant la fresque, transcrit l'éloge métrique que nous y lisons encore et qui est dû à Platina lui-même:

> Templa, domum expositis, vicos, fora, moenia, pontes
> Virgineam Trivii quod repararis aquam,
> Prisca licet nautis statuas dare commoda portus
> Et Vaticanum cingere, Syxte, jugum :
> Plus tamen urbs debet, nam quae squalloro latebat
> Cernitur in celebri bibliotheca loco.

L'éloge était mérité; la Bibliothèque était bien réellement, comme nous l'avons vu, à une place d'honneur, *celebri loco.*

Quant à la place occupée dans la Bibliothèque par la fresque de Melozzo, elle est très clairement indiquée dans la description de Chattard que nous donnons plus loin.

(1) Voy. *Beschreibung der Stadt Rom* de Bunson et Platner, t. II, 2, pag. 418; Nibby, *Roma nell'anno MDCCCXXXVIII,* parte moderna, t. II, p. 500; Pistolesi, *Il Vaticano descritto ed illustrato,* 1829, t. VI p. 162.

(2) Müntz, *Les arts à la cour des papes,* t. III, p. 131. On verra, plus loin, dans la Description de Chattard, les magnificences de la décoration architectonique de la salle grecque.

furent chargés de la décorer (1). Malheureusement, de cette décoration rien n'a subsisté. Nous savons seulement que la Bibliothèque secrète était tout entière revêtue de boiseries et qu'au centre de la voûte se détachaient, au milieu de fleurs et d'arabesques, les armes pontificales (le chêne della Rovere) en bois sculpté (2).

Entre temps, le pape avait pourvu au logement du bibliothécaire et des custodes; — à gauche de la Bibliothèque (3), à l'endroit marqué E dans notre plan, il avait fait disposer, au lieu et place de l'ancienne cuisine, une petite habitation qui prenait jour tant sur la cour du Pappagallo que sur celle du Portoncin di Ferro (4), et qui communiquait directement avec l'intérieur de la Bibliothèque par une porte intérieure aujourd'hui murée (5). Au siècle dernier on lisait encore sur la porte d'entrée l'inscription suivante:

SIXTVS · IIII · PONT · MAX ·
BIBLIOTECARIO · ET · CVSTODIBVS · LOCVM · ADDIXIT (6).

(1) Habuere Melotius et Antonatius pictores pro pictura facta in bibliotheca secreta et in illa quam nuper fecit d. n. ducatos decem die XXX Junii 1480 (Müntz, *ubi supra*, p, 131).

(2) Nous le savons par la Description de Chattard et par les livres de comptes: « Habuit magister Antonatius per un arma di legno intagliata per mettere nel sopracelo della libreria secreta ducati doa die XIV Augusti 1480 » (Müntz, *Ibid.*, p. 131).

(3) L'emplacement est très nettement indiqué dans la Description de Chattard, que nous donnons plus loin.

(4) Les documents relatifs à cette construction se trouvent dans Müntz, *ubi supra*, p. 133-131. Ils sont de l'année 1480. « Habuit Gratiadeus pro fabrica quae fit apud bibliothecam pro duabus cameris ad usum bibliothecarii et custodum, ubi erat coquina vetus »; suit le détail des travaux.

(5) Habuit magister Franciscus de Mediolano magister lignarius pro una porta intarsiata cho va de la camera alla libraria (Müntz, *ubi supra*, p. 131).

(6) Voy. Bandini, *Bibliothecae Mediceo-Laurentianae catalogus*, t. I, p. XXXVIII.

L'inscription a depuis disparu, et la vieille demeure de Platina sert maintenant d'officine au vitrier du Sacré Palais.

Du jour, en effet, où Sixte-Quint eut transporté la Bibliothèque pontificale dans les magnifiques locaux qu'elle occupe encore aujourd'hui, a commencé pour la vieille installation de Sixte IV une irrémédiable dédadence. La ruine toutefois n'est pas venue tout à coup et la minutieuse description que Chattard nous donne en 1766 de ces salles veuves de leur splendeur passée permet de mesurer le lent travail de destruction qui s'est encore opéré depuis un siècle.

La voici: *Cap. XLIV. Cortile del Pappagallo* (1).

Nell'angolo sinistro della facciata per cui entro del medesimo giungemmo (2), trovasi una porticella, che sale un gradino con stipiti ed architrave di travertino scorniciati, e cornice sopra simile con cappelletto, ed iscrizione sotto l'architrave indicante che Sisto IV destinò il commodo al Bibliotecario e custodi, allorchè la Libreria era in questo luogo...

Segue la seconda facciata su la sinistra parte di questo cortile, nella di cui metà risiede una porta grande, che sale un gradino adorna di stipiti, architrave, fregio, e cimasa sopra, il tutto di marmo bianco scorniciato, con armetta nell'architrave e nomine scolpito nel fregio di Sisto IV. Questa porta introduce nella Florerìa grande di Palazzo con un muricciuolo accanto su la sinistra per commodo da sedere (3); e dall'altra parte su la dritta vi è una finestra con sua ferrata a pian terreno con stipiti, ed architrave di travertino, che fanno mostra, la quale da luce alla cantina di Palazzo (4). Vien composta la detta Florerìa da tre stanze grandi tutte ad un piano, con volta a crociera lunettate, e fascia in mezzo, che la divide,

---

(1) Pietro Chattard, *Nuova descrizione del Vaticano*, t. II, Roma 1766, p. 455 et suiv.

(2) L'auteur vient du Cortile di Portoncin di Ferro. Voy. notre plan.

(3) Ce banc a disparu.

(4) Ce soupirail est aujourd'hui muré.

con due finestre grandi di ferrate guarnite corrispondenti si in questo cortile, che in quello di Belvedere. Il primo stanzone di lunghezza palmi centosei e largo quarantatre, fa vedere nelle sue lunette, che le girano attorno dipinte a buon fresco, molte mezze figure rappresentanti alcuni Profeti, Dottori di Santa Chiesa, et Filosofi antichi col nome di ciascuno. Il campo di queste lunette è ricoperto da diverse architetture, e paesi, opera di Baccio Pintelli (1). Nella facciata incontro esiste un quadro dipinto a fresco dell'altezza palmi venti e largo dieci rappresentante Sisto IV, assiso in una sedia con avanti a se un cardinale genuflesso ed un altro in piedi, con diversi prelati, che le fan corona, ed alcuni versi latini al disotto, indicanti l'elogio delle gesta di tal pontefice, opera ammirabile di Pietro della Francesca, dal Borgo a S. Sepolcro (2). Le quattro facciate della seconda stanza vedonsi da meravigliosa architettura d'ordine corintio ricoperte, con colonne parte verdi e parte gialle, architrave, fregio, cornice, e capitelli gialli da alcuni festoni interrotte (3). Segue la terza ed ultima stanza tutta foderata di tavole (4), come anche la volta nel mezzo della quale scorgesi un'armetta di Giulio II ornata all'intorno nella guisa stessa, che le pareti da diversi rabeschi (5), vasi e fiorami con somma maestria a chiaroscuro dipinti. Queste stanze con altra parimente grande contigua, la quale servì per lungo tempo d'uso per gli scarti dell'Armeria, ed in oggi serve di custodia de' letti, e materasse della Floreria, componevano in tempo del detto pontefice Sisto IV la Libreria Vaticana „.

<hr>

(1) Nous savons à quoi nous en tenir sur cette attribution. Baccio Pontelli n'est venu à Rome qu'en 1481 (Voy. Müntz, *Les arts à la cour des papes,* t. II, p. 67). Mais peut-être retrouverait-on les peintures sous le badigeon qui les recouvre.

(2) Encore une attribution fausse. Il s'agit de la fameuse fresque de Melozzo da Forlì.

(3) Tout cela a disparu depuis Chattard.

(4) Cela encore a complètement disparu.

(5) Jules II avait les mêmes armes que son oncle Sixte IV (le chêne della Rovere); la confusion de Chattard est donc facilement explicable.

II.

Si l'on veut se représenter l'aménagement intérieur de la Bibliothèque de Sixte IV, il faut songer à la Laurentienne de Florence ou à la Bibliothèque Malatesta de Cesena: des rangées parallèles de bancs ou pupitres occupaient le centre de chaque salle et contenaient, sur deux et quelquefois trois rayons superposés, les manuscrits attachés par des chaînettes de fer à de longues verges de métal (1); le mobilier de la Bibliothèque secrète comprenait, en outre, des armoires (*armarii*), disposées le long des murs, des coffres (*capsae*) placés auprès des pupitres, et des sièges à dossier (*spallerae*), servant eux-

(1) On fit venir ces chaînes de Milan; Item solvi pro vectura octo balletorum catenarum ad usum Bibliothecae ex Mediolano Romam avectarum ducatos X et b. XXIII, computatis etiam gabellis quas solvit in multis locis, maxime vero in terris ducis Mediolani, die secunda aprilis 1476 (Müntz, *ubi supra*, p. 125). — Nous trouvons, au 7 juin 1476, le paiement de 144 douzaines de ces chaînes. — Le 14 avril 1477, il est question de «quadraginta octo virgis ferreis ad quas in banchis libri connectuntur».

Cet usage d'enchaîner ainsi les livres se conciliait d'ailleurs avec une grande libéralité dans le prêt des manuscrits. Nous avons publié, M. Müntz et moi, le registre des prêts de la Vaticane sous le pontificat de Sixte IV (*La Bibl. du Vatican au XVe siècle*, p. 268-298). Il ne serait pas moins intéressant de publier un registre qui fait suite à ce registre-là, et sur lequel ont émargé, jusqu'au milieu du XVIe siècle, les savants les plus en vue (Vat. lat. 3966). On constaterait ainsi quelle a été la contribution de la Vaticane aux études sacrées et profanes pendant la Renaissance. On prêtait même en dehors de Rome; Politien, à Florence, eut communication de manuscrits de la Vaticane (*La Bibl. du Vatican au XVe siècle*, p. 310).

D'ailleurs le travail n'avait rien de pénible dans la Vaticane de Sixte IV. Nous constatons l'acquisition d'un « focone grande per la libraria, colle rotelle di ferro per condurlo de luogo a luogo» (Müntz, *Les arts à la cour des papes*, t. III, p. 180-181), et les dépenses de combustible montrent que ce ne fut pas un vain ornement (*La Bibl. du Vatican au XVe siècle*, p. 152, 153, 157, etc.).

mêmes de coffres; quant à la dernière salle, elle ne renfermait pas d'armoires, mais seulement des pupitres, des coffres, et des *spallerae* ou " épaulières „.

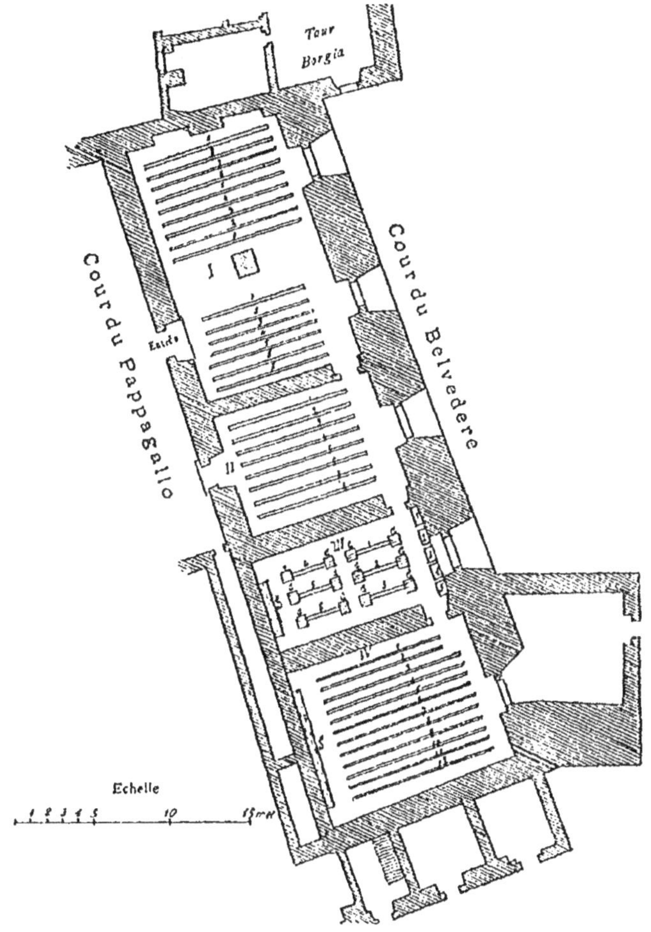

DISPOSITION INTÉRIEURE DE LA VATICANE DE SIXTE IV (1).

(1) J'ai donné aux différents meubles les numéros sous lesquels les inventaires les désignent. Il faut supposer quelqu'un entrant par la grande porte et se dirigeant vers la dernière salle; c'est par rapport à lui que tout est ordonné.

Nous pouvons suivre, dans les livres de comptes, l'exécu-
tion des diverses pièces de ce mobilier. Elles furent toutes
très soignées et confiés à de véritables artistes. Les pupitres
de la Bibliothèque publique (salle latine et salle grecque) furent confectionnés par Francesco de' Giovanni de Milan (1475-
1476) (1); en 1477, ce fut le tour de la Bibliothèque secrète
que le florentin Giovannino de' Dolci dota de ses pupitres, de
ses armoires et de ses " épaulières „ (2); enfin, en 1480 et 1481,
c'est le même Giovannino, aidé de son frère Marco, qui exé-
cute les meubles destinés à la quatrième salle de la Bibliothèque (3). Des tablettes, ornées de miniatures, étaient sus-

Dans la première salle (salle latine) on a sur la gauche en entrant neuf bancs ou pupitres, et sept sur la droite; on dira donc premier, second, troisième, etc. banc à gauche, et premier, second, troisième, etc. banc à droite.

Dans la seconde salle (salle grecque) nulle difficulté. Pour la
troisième salle (Bibliothèque secrète), les choses sont un peu plus
compliquées. Sur la gauche en entrant, nous trouvons cinq armoires,
distinguées par des nombres progressifs; sur la droite, au milieu de
la salle, une double rangée de trois bancs, orientés dans le même
sens que les bancs des autres salles, chaque banc avec un coffre à
chaque extrémité (ces coffres sont marqués C dans notre plan); dans
le fond une « *spalliera*» (désignée par S sur le plan).

Dans la dernière salle (Bibliothèque pontificale) douze pupitres,
et au fond, sur la droite, une « *spalliera* » marquée S.

(1) La première commande est de 25 pupitres, dont 10, plus longs
que les autres (ils doivent avoir 38 palmes, c'est-à-dire environ 8^m 50),
sont destinés à la salle latine, à gauche de la porte d'entrée. (Müntz,
Les arts à la cour des papes, t. III, p. 121, 126, 129; paiements de
juillet 1475, de juin 1476, et divers de 1477 et 1478).

(2) Müntz, *Ibid.*, p. 128 et 130: « Magister Joanninus faber lignarius
de Florentia habuit a me Platyna s. d. n. bibliothecario pro fabrica
banchorum bibliothecae secretae, pro armario magno et spaleria ejus-
dem loci ».

Giovannino de' Dolci est bien connu pour avoir été un des archi-
tectes de la Chapelle Sixtine (Müntz, *ubi supra*, p. 66-71).

(3) Paiements du 19 juillet 1480, 8 janvier et 7 avril 1481: « Pro
parte solutionis banchorum quae fiunt in bibliotheca addita nunc a

pendues à chaque pupitre et indiquaient les titres des volumes qui y étaient contenus (1). En divers lieux, probablement sur les pupitres et les armoires, étaient disposés des instruments de géométrie, de géographie et d'astronomie, pour le plaisir des yeux autant que pour l'utilité pratique (2).

Lorsque tous les travaux d'aménagement furent terminés, on dressa un inventaire général qui fut achevé quelques jours seulement avant la mort de Platina, et qui reflète fidèlement l'ordonnance intérieure de la Bibliothèque. Salle par salle et meuble par meuble il passe en revue tous les manuscrits que comprenait alors la Bibliothèque apostolique. Il a été clos et certifié véritable le 14 septembre 1481 par Platina et Démétrius de Lucques (3).

S^{mo} d. nostro ». (Müntz, *ubi supra*, p. 134-135). — Ces pupitres étaient très longs; nous avons le prix du transport de ces douze pupitres, qui sont dits *banchi longi* ou *banchi longiores coeteris* (Müntz, p. 133 et 134).

(1) On trouve les paiements exécutés pour l'achat des *Tabulae ad continendum nomina librorum* et pour *pictura tabularum ubi descripta sunt librorum nomina* (Müntz, p. 130 et 131).

(2) Les comptes mentionnent la confection de ces instruments (*La Bibl. du Vatican au XVe siècle*, p. 152), et Albertini les décrit ainsi : « Omitto strumenta geometriae et astronomiae et alia quae in liberalibus disciplinis pertinent auro et argento picturis exornata » (*De mirabilibus*, éd. Schmarsow, p. 34).

Cette tradition s'est conservée dans quelques bibliothèques, par exemple à la Bibliothèque Barberini.

Les sphères et mappemondes de la Vaticane avaient grande réputation: au commencement de 1505, Floramond Brognolo écrivait de Rome à Isabelle de Mantoue: « De quello mappamondo et signi celesti che sono depinti in due spere solide in la libraria del papa, de li quali V. Ex^{la} ne vorria exemplo ho ordinato che sia facto per uno bono pictore de palatio ». (Dans Pastor, *Geschichte der Päpste*, t. III, Appendice, p. 855, n° 84).

Il s'agit bien ici de la Vaticane propement dite et non de la Bibliothèque privée de Jules II, qui est postérieure à 1507.

(3) C'est le ms. Vat. lat. 3947.

Cet inventaire diffère, tout naturellement, de celui qui avait été dressé en 1475, quand Platina entrait en charge, et qui a été naguère publié par M. Müntz. La remarque est bien simple: nous n'avons pas eu grand mérite à la faire, et il est singulier qu'elle ait passé inaperçue. M. de Rossi lui-même, dans sa magistrale Préface aux catalogues de la Vaticane (1), renvoie, pour toute cette période de l'histoire de la Bibliothèque, à son Étude de 1884, parue dans les *Studi e documenti di storia e diritto*, et dans laquelle il ne distingue pas entre l'inventaire de 1475 et celui de 1481 (2). Comment s'étonner dès lors qu'on ait continué à parler de l' " inventaire de Sixte IV „, comme si nous n'en avions qu'un seul. On a pu, par exemple, en se fondant sur l'inventaire de 1475, nier que le fameux *Codex Vaticanus* de la Bible grecque fît partie de la Vaticane au temps de Sixte IV (3); c'est en effet dans l'inventaire de 1481 que nous le trouvons pour la première fois mentionné d'une façon bien explicite (4). Entre le 28 juin 1475, date de l'installation de Platina, et le 14 septembre 1481, la Vaticane s'était beaucoup accrue. En 1475, les manuscrits étaient au nombre de 2527; en 1481, on en comptait 3498. On conviendra qu'une augmentation de près de mille volumes mérite qu'on la remarque (5).

(1) Pag. CX.

(2) *Studi e documenti di storia e diritto*, t. V, p. 355.

(3) Voy. à ce sujet la polémique entre M. l'abbé Batiffol et Monseigneur Carini (*Centralblatt für Bibliothekswesen*, 1893, p. 541-542).

(4) Biblia in tribus columnis ex membranis in rubeo.

(5) Acquisitions, transcriptions et traductions ont également contribué à l'accroissement de la Bibliothèque; voy. la lettre de Démétrius de Lucques en tête de l'inventaire de 1481, le bref de nomination de Démétrius et le livre de comptes de Platina (*La Bibl. Vaticane au XVe siècle*, p. 143, 148-159, et 299). On connaît ces vers de l'Arioste:

> Di libri antichi anco mi puoi proporre
> Il numer grande che per pubblico uso
> Sisto da tutt' il mondo fe' raccorre.

Il faut donc, une fois pour toutes, mettre au clair la question des inventaires de la Vaticane sous Sixte IV. Une telle question ne se pose que parce qu'on n'a pas pris la peine d'examiner les différents manuscrits qui contiennent ces inventaires. On les a tous classés sous cette rubrique uniforme: " Inventaire de la Vaticane sous Sixte IV„. Il s'agit de les distinguer.

M. de Rossi écrit: " Fu quella [la biblioteca palatina] classificata secondo le materie e gli scrittori; e Demetrio Lucense sotto gli ordini del Platina ne fece l'egregio inventario, del quale esistono l'originale e più d'un antico esemplare (Cod. Vat. 3947). L'inventario originale cominciato nei primi anni di Sisto IV, continuato dal Platina nel 1475, è nei codici 3952-54; donde copie ed estratti nei codici Vat. 3956, 9112, Vat. Ottob. 1904„ (1).

Cette opinion est à réformer. L'inventaire original de 1475 est contenu dans le ms. Vat. 3954; cela résulte de la déclaration autographe de Platina qui, à la date du 28 juin 1475, prend en consigne les volumes qui y sont inscrits (2). Le ms· Vat. 3953 n'est qu'un double du manuscrit 3954. Le nom de Démétrius de Lucques n'est pas mentionné dans cet inven-

(1) *Studi e documenti*, t. V, p. 355.

(2) Ego Platina Sanctissimi domini nostri Sixti divina providentia papae IIII familiaris et bibliothecarius libros in hoc libro annotatos et in ordinem ac numerum redactos polliceor me conservaturum redditurumque semper rationem bene atque integre gubernatae bibliothecae. Die XXVIII Junii 1475.

Platina succédait à Gianandrea Bussi, évêque d'Aleria, mort le 4 février précédent.

L'inventaire de 1475 est par ordre de matières, parce que les manuscrits n'avaient pas encore de poste stable; quand le pape quittait Rome, on transportait la librairie au Château S¹ Ange pour la mettre en sûreté. Nous trouvons dans les comptes un salaire «pro portandis in castrum libris et reportandis in discessu d. n. ab Urbe et reditu» (Muntz, *Les arts à la cour des papes*, t. III, p. 127).

taire, parce qu'il n'est devenu *custode* en titre que le 1er mars
1481 (1). Il figure au contraire dans l'inventaire du 14 septembre 1481, que nous possédons, en double exemplaire, dans
les manuscrits Vat. lat. 3952 et 3947, et dont le ms. Ottob.
1904 est une copie à peu près contemporaine (2).

Le ms. Vat. lat. 9112, de la fin du siècle dernier, ne con-
tient que de courts extraits du Vat. lat. 3947, et le ms. Vat.
lat. 3956 est un index de la Bibliothèque palatine *électorale*.

Ce qu'on peut reprocher à l'inventaire de 1475 comme à
celui de 1481, c'est une excessive concision. Sous la forme
trop brève de leurs indications, il est souvent difficile de reconnaître avec une entière certitude le manuscrit dont il est
question. Pareil reproche s'applique à l'inventaire dressé la
première année du pontificat d'Innocent VIII (25 novembre 1484)
et contenu dans le ms. Vat. latin. 3949; c'est, à peu de chose
près, l'inventaire de 1481.

Si on veut chercher quelque lumière dans une minutieuse
comparaison avec un inventaire postérieur, il faudrait aller, dans
l'état actuel des connaissances sur l'histoire de la Vaticane,
jusqu'au pontificat de Léon X et à la récension de Zanobi Acciaioli (1518). Mais la comparaison devient malaisée à établir,
car la bibliothèque n'est plus tout à fait la même; elle a subi
des changements dans sa composition et dans son classement;
et encore se heurte-t-on toujours à la même difficulté: les indications sont, là aussi, trop sommaires.

Il est singulier qu'on n'ait pas encore signalé trois petits
volumes (3) qui portent les numéros 7134, 7135, 7136 du fonds

____

(1) Voy. *La Bibl. du Vatican au XV⁰ siècle*, p. 299.

(2) Inventarium bibliothecae palatinae a divo Sixto quarto pon-
tifice maximo fundatae, Platyna bibliothecario ac Demetrio Lucensi
ejus alumno custode.

(3) Ils ne portent aucun titre ni désignation d'aucune sorte.

Vatican latin. Ils renferment un fragment d'inventaire que sa
date et son étendue rendent fort important. La date peut assez
aisément s'établir. Lorsque cet inventaire a été exécuté, le cardinal Jean de Médicis avait racheté à Florence la bibliothèque
formée par sa famille (celle qui est devenue la Laurentienne)
et il l'avait fait transporter dans son palais de Rome (1): nous
sommes donc entre le 25 octobre 1508 (date de l'acquisition
de la Bibliothèque Médicis par le cardinal Jean) (2) et le 11
mars 1513 (date de l'élévation du cardinal Jean au souverain
pontificat sous le nom de Léon X). C'est dans cet intervalle
que Lorenzo Parmenio et Romolo de' Mammacini devinrent
custodes de la Vaticane, l'un (6 juillet 1511) à la place de
Démétrius de Lucques, l'autre (1er septembre 1512) à la place
de Jean Chadel de Lyon (3). Or, il était naturel que les nouveaux custodes, entrant en fonction, fissent un recolement général de la Bibliothèque, d'autant que leurs prédécesseurs
étaient restés en charge pendant trente années consécutives.
Il serait par conséquent vraisemblable, à priori, que notre inventaire fût l'œuvre de l'administration nouvelle, et la vraisemblance devient, je crois, une certitude si on compare l'é-
criture de Lorenzo Parmenio (4) avec celle de nos manuscrits.
Nous sommes en présence de l'inventaire dressé en 1511 ou

(1) Voy. Albertini, *De mirabilibus novae urbis Romae*, éd. Schmarsow, p. 35. — Nos manuscrits contiennent l'inventaire des 562 manuscrits latins de la bibliothèque des Médicis, avec cette indication
chronologique très précise: « Medicee domus bibliotheca latina, que
modo est apud Reverendissimum cardinalem Medicis » (Vat. 7135, fol.
109 v°). C'est ce qui nous permet de les dater.

(2) Voy. *Archivio storico italiano*, serie 3ª, t. 19, p. 277 (Docu-
ment publié par M. Enea Piccolomini en appendice à son article *Delle
condizioni e delle vicende della libreria Medicea privata*).

(3) Voy. Müntz, *La Bibl. du Vatican au XVIᵉ siècle*, p. 11 et 14.

(4) On trouve plusieurs lignes de sa main à la première page du
ms. Vat. lat. 8966.

1512, c'est-à-dire dans les dernières années du pontificat de Jules II (1), et nous en connaissons l'auteur.

Les mss. Vat. 7134, 7135, 7136 ne doivent pas être étudiés dans cet ordre ; c'est le ms. 7135 qui forme le tome pre-

(1) Jules II avait au Vatican une bibliothèque privée, qui a fait couler beaucoup d'encre ces dernières années, précisément parce qu'on ne sait d'elle que fort peu de chose. On me permettra pourtant d'en dire un mot, puisque M. Pastor a bien voulu m'y inviter dans sa *Geschichte der Päpste*, t. III, p. 787.

Nous n'avons sur cette Bibliothèque que deux témoignages essentiels. L'un est de Bembo, qui, dans une lettre à Jules II, (19 janvier 1513), le félicite d'ajouter à la Vaticane de ses prédécesseurs une autre bibliothèque : «adiungis alteram, non illam quidem librorum numero, sed tum eorum, quibus est referta, probitate atque praestantia, tum loci commoditate amoenitateque, propter elegantiam marmorum et picturarum, speculasque bellissimas quas habet». L'autre est de Francesco Albertini, dans sa description des merveilles de Rome : « Est praeterea bibliotheca nova secreta perpulchra (ut ita dicam) pensilis Julia, quam tua beatitudo construxit signisque planetarum et caelorum exornavit, additis aulis et cameris ornatissimis atque deambulatoriis auro et picturis ac statuis exornatis non longe a capella syxtea» (édit. Schmarsow, p. 84-85). — Cf. dans le *Raphaël* de Crowe et Cavalcaselle un reçu de Lorenzo Lotto (8 mars 1509) pour des peintures *in cameris superioribus papae prope librariam superiorem* (édit. allemande, p. 9).

M. Schmarsow a justement remarqué que cette bibliothèque n'était pas à un rez-de-chaussée, puisqu'elle est appelée *Pensilis ;* mais il a été égaré par les *signa planetarum et coelorum*, qu'il a pris pour des peintures (alors qu'il s'agit d'instruments), et il a proposé de localiser la bibliothèque privée de Jules II au premier étage de la *Torre Borgia* (p. 84, note 12).

Dans le *Jahrbuch der Kön. Preussischen Kunstsammlungen* (1893, t. XIV, p. 49-64), M. Fr. Wickhoff a émis l'opinion toute nouvelle que la célèbre chambre de la *Segnatura*, peinte par Raphaël, avait été destinée par Jules II à contenir sa Bibliothèque : ainsi s'expliquerait toute l'économie de la décoration.

Dans la *Revue des Deux Mondes* du 1er juillet 1891 p. 212-43), M. Klaczko a apporté d'excellents arguments à l'appui de la thèse traditionnelle.

Au moment où Albertini terminait son livre (8 juin 1509), c'est à peine si Raphaël avait commencé à peindre la chambre de la *Se-*

mier, le ms. 7134 forme le tome second, et le ms. 7136 le tome troisième.

Le ms. 7135 commence par un feuillet qui n'est pas à sa place et qui doit être reporté plus loin, car il concerne la bi-

gnatura (il ne vint s'établir à Rome qu'en septembre 1508) et, dès 1513, c'est sous le nom de *Stanza della Segnatura* que Paris de Grassis désignait la pièce dont M. Wickhoff voudrait faire la Bibliothèque personnelle du pape.

L'hypothèse de M. Wickhoff est aussi aventureuse que séduisante. Les témoignages que nous avons sur la bibliothèque de Jules II s'accordent mal avec elle. On peut sans doute chercher dans l'admirable pavé de la chambre de la *Segnatura* ces marbres dont parle Bembo. Mais où prendre, à côté de la célèbre *Stanza*, ces *aulae et camerae ornatissimae* et ces *deambulataria* qu'Albertini nous présente comme des dépendances construites par Jules II? Et comment s'imaginer non seulement des manuscrits, mais des accessoires tels que des mappemondes et des astrolabes, installés dans une pièce qui est restée, jusqu'à la fin du pontificat de Léon X, livrée à des ouvriers de tout genre? Très significatives à cet égard sont les inscriptions du pavé; commencé sous Jules II, il n'a été achevé que sous Léon X. Or, la Bibliothèque dont les textes nous parlent n'est pas dans le devenir; elle est parfaitement concrète et réelle; on nous la décrit existante, telle qu'on l'a vue. Il y avait impossibilité matérielle à ce qu'elle fût dans la Chambre de la *Segnatura*.

N'oublions pas enfin une précieuse indication topographique: *non longe a capella syxtea*. Assurément la *Segnatura* n'est pas très loin de la Chapelle Sixtine, mais on ne peut dire qu'elle en soit précisément voisine, et il serait étrange, étant donnée sa situation, qu'on pensât en déterminer l'emplacement par ce lointain voisinage. C'est à proximité de la Sixtine, et à un des étages supérieurs du Palais, qu'il faut placer la bibliothèque personnelle de Jules II; voilà tout ce qu'on peut dire.

J'ajouterai cependant que la Bibliothèque qui excitait si fort l'admiration d'Albertini, est postérieure au printemps de 1507, car il n'en est pas fait mention dans le panégyrique de Jules II composé par Lorenzo Parmenio au lendemain de la rentrée triomphale du pape dans la ville de Rome (25 mars 1507).

Elle n'était d'ailleurs pas considérable, et, si on veut avoir une idée de sa composition, on peut consulter dans le ms. Vat. lat. 3966, fol. 114 v° l'*Inventarium librorum Julii papae II R^{mo} cardinali de Aragonia de mandato collegii consignatorum.*

bliothèque latine. Au second feuillet, nous trouvons l'inventaire succinct des huit bancs ou pupitres qui contiennent la Bibliothèque grecque; puis vient la Bibliothèque latine, avec ses sept pupitres à droite et ses neuf pupitres à gauche; la Bibliothèque secrète (ou *bibliotheca interior que prima ingredientibus occurrit*) (1) avec ses six pupitres, et enfin les douze pupitres de ce qu'on appelait sous Sixte IV la Bibliothèque pontificale et qu'on nomme sous Jules II l' " *intima et ultima secretior bibliotheca ubi libri sunt pretiosiores* „ (2). Malheureusement les coffres et les armoires ne sont pas passés en revue, non plus qu'un certain nombre de livres déposés dans la dernière salle sur des rayons adhérents à la paroi: il n'y a d'exception que pour les huit coffres de la Bibliothèque secrète.

Mais ce qui fait l'originalité de notre inventaire c'est qu'après une énumération de titres tout aussi concise que ceux des inventaires de Sixte IV et d'Innocent VIII commence un dépouillement minutieux de tous les manuscrits: d'abord les manuscrits de la Bibliothèque grecque, puis les six premiers numéros du premier pupitre de droite de la Bibliothèque la-

---

(1) Cette indication topographique est précieuse: la Bibliothèque secrète est bien la première salle qui vient après la bibliothèque publique.

(2) C'est la salle qui suit la Bibliothèque secrète, et la dernière par conséquent des quatre salles dont se composait la Vaticane. C'est d'elle qu'Albertini (éd. Schmarsow, p. 31) écrivait: «Est et tertia bibliotheca pulcherrima, in qua sunt codices auro et argento sericinisque tegminibus exornati, a praedicto Syxto constructa, in quo loco Vergilii opera vidi litteris maiusculis conscripta». De fait, nous trouvons dans notre inventaire, sous le n° 7 *In nono scamno supra*, dans l'*intima et ultima parte pontificie interioris bibliothecae ubi pretiosiores sunt libri*, le *Virgilius antiquus litteris maiusculis* (Vat. lat. 7131).

En divers endroits, la Bibliothèque pontificale est désignée par le mot *intime*, la secrète par le mot *intra* et la publique par le mot *extra*.

tine. Avec le ms. 7134 continue l'analyse des numéros suivants et ainsi de suite pour tous les manuscrits des pupitres de droite et des pupitres de gauche de la salle latine, des pupitres de la Bibliothèque secrète et de ceux de la dernière salle " *intima et ulterior pars interioris bibliothecae* „. Enfin le ms. 7136 nous offre le dépouillement complet des manuscrits contenus dans les coffres de la Bibliothèque secrète.

On voit que depuis Sixte IV la physionomie de la Vaticane n'avait pas changé; on retrouve la division (*distinctio*) en quatre salles, et dans chaque salle le même nombre de bancs ou pupitres. Un examen un peu attentif permet de reconnaître qu'à très peu d'exceptions près les mêmes volumes occupent encore la même place. Les notices étendues consacrées à chaque manuscrit dans l'inventaire de Parmenio valent donc non pas seulement pour l'époque de Jules II, mais aussi pour l'époque antérieure, et nous trouvons là ce que nous avons vainement cherché ailleurs. Grâce aux éléments fournis par les mss. 7134-36, on pourra maintenant reconnaître avec certitude la présence de tel ou tel manuscrit dans les anciennes collections du Vatican (1).

D'ailleurs la forme donnée à la Vaticane par Sixte IV est demeurée la même, dans ses grandes lignes, pendant tout le seizième siècle. A partir du pontificat de Léon X, des dénominations plus précises sont données à la troisième et à la quatrième salle: la troisième, de dimensions plus restreintes,

____

(1) Pour ne citer qu'un exemple, on peut facilement reconnaître la présence, dans l'ancienne Bibliothèque Vaticane, d'un précieux manuscrit du fonds Ottoboni, (n° 8057), que tout le monde considère comme un nouveau venu à la Vaticane. Le célèbre recueil d'Albinus Scholaris, passé plus tard à l'*Archivio Vaticano* et mystérieusement retrouvé dans la collection du baron de Stosch en plein XVIII° siècle, figure dans notre inventaire *In VI° capsa* de la Bibliothèque secrète, sous le n° 413 (Vat. lat. 7136); aucun doute n'est possible à cet égard.

s'appelle désormais la *parva secreta*, et la quatrième, plus grande, s'appelle *magna secreta*. Mais sous ces noms nouveaux il est facile de reconnaître l'ancien état de choses. Nous trouvons les dénominations nouvelles employées désormais dans tous les inventaires, dans celui d'Acciaioli (1), dans celui de Fausto Sabeo et de Nicolò Majorano (2), dans celui de Marcel Cervini (3); mais cela n'empêche pas le bibliothécaire Jérôme Aléandre de distinguer encore à la Vaticane la " *prior aula* „, la " *bibliotheca greca* „, la " *bibliotheca secreta* „ et la *penitior bibliotheca* (4).

Un siècle après la mort de Platina (5), Montaigne visita la Bibliothèque apostolique; depuis le temps de Sixte IV la physionomie intérieure de la Vaticane n'avait point changé, car le voyageur nous la décrit telle qu'elle nous est apparue au XVe siècle: " Le 6 de mars je fus voir la Librerie du Vatican, qui est en cinq ou six salles tout de suite. Il y a un grand nombre de livres atachés sur plusieurs rangs de pupitres; il y en a aussi dans des coffres, qui me furent tous ouverts „ (6).

Toutefois, dans la première salle, on avait ajouté, aux portraits des docteurs et des philosophes peints dans les lunettes de la voûte, deux statues antiques, à droite et à gauche de la porte d'entrée: l'une était le saint Hippolyte trouvé en 1551

---

(1) Mss. Vat. lat. 3948 et 3955, auxquels il faut ajouter le ms. Vat. 3950, indiqué dans le travail de M. de Rossi comme étant de la fin du XVe siècle (*Studi e documenti*, t. V, p. 355, note).

(2) Vat. lat. 3951.

(3) Vat. lat. 3967-69 (trois volumes).

(4) Vat. lat. 3966, fol. 40 v°; emprunts des 23 février et 16 mars 1520, des 30 septembre 1522, 15 septembre 1525, 18 août 1526.

(5) En 1581.

(6) *Journal du voyage de Montaigne en Italie*, éd. d'Ancona, 1889, p. 269-70.

près de Saint-Laurent hors-les-murs et qui figure aujourd'hui au Musée chrétien du Latran (1), l'autre était l'Aristide que l'on voit encore dans la Vaticane moderne à l'entrée du Musée chrétien (2).

(1) Cette statue célèbre fut placée dans la Bibliothèque par le cardinal Marcel Cervin, alors bibliothécaire. Elle fut restaurée quelques années plus tard par Pirro Ligorio, et le pape Pie IV y fit mettre l'inscription suivante:

STATVA HIPPOLYTI PORTVENSIS EPISCOPI

QVI VIXIT ALEXANDRO PIO IMP.

EX RVINIS VRBIS EFFOSSA

A PIO IV MEDICE PONT. MAXIMO

RESTITVTA.

Voy. Pistolesi, *Il Vaticano descritto ed illustrato*, 1829, t. III, p. 253, note 1. — Cf. Ficker, *Die altchristlichen Bildwerke im christlichen Museum des Laterans*, 1890, p. 167-168.

(2) Elius Aristide de Smyrne. C'est le pape Pie IV qui fit placer cette seconde statue dans la Bibliothèque, comme en témoigne l'inscription suivante, gravée sur le socle:

STATVAM ARISTIDIS SMYRNEI EIVS

QVI VRBEM CIVITATEMQVE ROMANAM LVCVLENTA ORATIONE LAVDAVIT

ERVTAM EX ANTIQVIS RVINIS

PIVS IV MEDICES PONT. MAX.

POSVIT.

Voy. Pistolesi, *Il Vaticano descritto*, t. III, p. 253, note 1. C'est pour imiter les anciens qu'on plaçait ainsi dans les Bibliothèques des statues et des images des grands hommes. Mutius Pansa, qui nous décrit, en 1590, les merveilles de la Vaticane nouvellement construite par Sixte-Quint, a soin de nous expliquer que c'est pour se conformer à cet usage qu'on a peint sur les piliers de la nouvelle Bibliothèque toute une série de personnages, à commencer par Adam (*Della libreria Vaticana*, Rome, 1590, p. 250). Du reste, l'Hippolyte et l'Aristide avaient été transférés dans le nouveau local (cf. *Beschreibung der Stadt Rom*, t. II, part. 2, p. 329-330).

Montaigne a noté cette « statue du bon Aristide à tout une bele teste chauve, la barbe espesse, grand front, le regard plein de douceur et de magesté ».

UNE «ÉPAULIÈRE» DE LA BIBLIOTHÈQUE DE SIXTE IV.

Huit ans après la visite de Montaigne (1), la Vaticane fut transportée dans le magnifique local qu'elle doit à la munificence de Sixte-Quint et qu'elle occupe encore aujourd'hui. L'ancien mobilier suivit d'abord les livres, et le vestibule de la Vaticane actuelle est tout autour garni de ces vénérables " épaulières „ en marqueterie qu'on admirait autrefois dans les deux dernières salles de la vieille bibliothèque de Sixte IV (2). Mais il convenait maintenant d'adopter un classement en rapport avec l'installation nouvelle, et les Rainaldi, chargés de cette écrasante besogne, commencèrent sur de nouvelles bases l'inventaire définitif, qu'on n'a plus eu à refaire, mais seulement à continuer (3).

(1) Sur la date de la construction de Sixte-Quint, voy. le Mémoire de M. Stevenson, dans l'*Omaggio giubilare della biblioteca Vaticana al sommo pontefice Leone XIII*, 1888, page 7.

(2) Dans sa *Roma nel MDCCCXXXVIII*, part. mod. t. II., p. 215, Nibby attribue, je ne sais sur quelle autorité, à Fra Giovanni de Vérone et au pontificat de Jules II les « épaulières » de Bibliothèque. Vasari parle bien, en deux endroits (édit. Milanesi, t. IV, p. 337 et t. V, p. 622) de « spalliere » faites par Fra Giovanni de Vérone pour la chambre de la *Segnatura*; mais quelle vraisemblance y a-t-il que ces « spalliere » aient été transportées à la Bibliothèque? — Dans le vestibule de la Vaticane actuelle, il y a deux « épaulières », taillées à la mesure de leur nouvel emplacement; nous reproduisons un fragment de l'une d'elles; dans l'autre, assez semblable, une architecture antique alterne avec la représentation des armoires entrouvertes. Cf. Pistolesi, *Il Vaticano descritto ed illustrato*, t. III, pl. LX. — Je crois pour ma part, que nous sommes encore en présence des œuvres de Giovannino de' Dolci. Nous savons en effet que les « spalliere » de l'ancienne Bibliothèque furent transportées dans la nouvelle par ordre de Sixte-Quint. (Voy. Stevenson, dans l'*Omaggio giubilare,* p. 8).

(3) C'est celui qui est encore en usage (Voy. de Rossi, *De origine, historia, indicibus scrinii et bibliothecae sedis Apostolicae,* (Préface aux Catalogues de la Vaticane, 1886), p. CXIII.

Typographie de couleur

Typographie de couleur

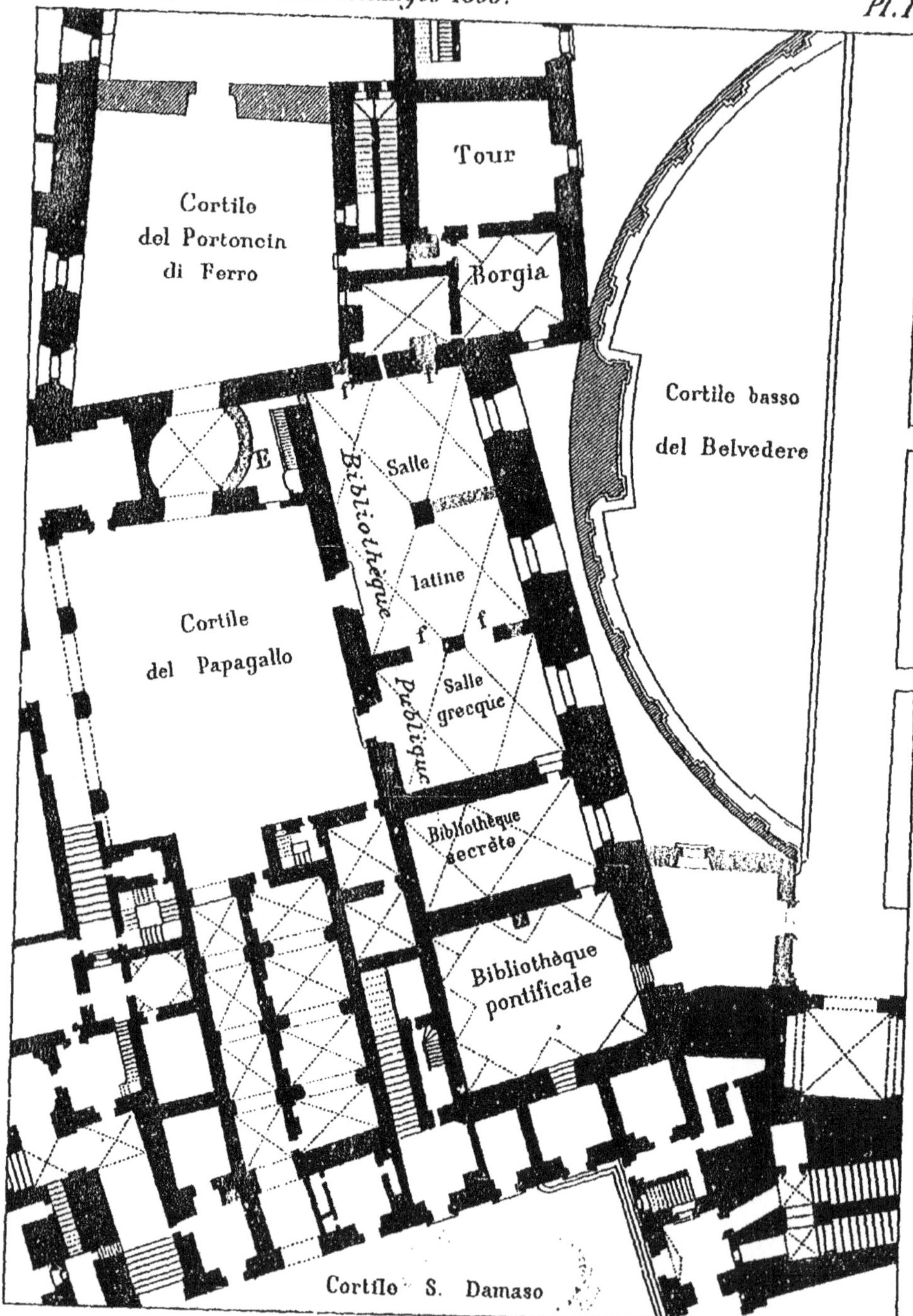

Les parties teintées en rouge représentent des remaniements postérieurs.

PLAN DE LA BIBLIOTHÈQUE VATICANE DE SIXTE IV.

mètres

Lit. L. Salmont Rome

www.ingramcontent.com/pod-product-compliance
Lightning Source LLC
Chambersburg PA
CBHW061133050726
47594CB00005B/2218